¡Hola! Te doy la bienvenida a este maravilloso libro de ejercicios, que te ayudará a establecer nuevos parámetros mentales, estos nuevos paradigmas se alojaran en nuestro subconsciente, nos hará sentir mejor cada día.

Es recomendable realizar los ejercicio cada mañana a penas al despertar o antes de dormir, tomate un tiempo para ti, para meditar, hacer respiraciones profundas e iniciar los ejercicios con la mejor disposición posible.

La escritura de las afirmaciones con tu puño y letra, te permitirá estar en comunión con la parte mas profunda de tu mente y tu alma.

Te felicito por iniciar, ya estás a un paso mas para mejora anímica y personalmente, es un camino largo, sin embrago la idea es no desistir, ¡Tú lo vales!

Según el estudio integral de la mente y el cuerpo, las emociones no gestionadas —como la tristeza, el enojo y el resentimiento— pueden acumularse, afectando la salud física. Por ejemplo, el estrés emocional constante puede desencadenar el aumento de cortisol, una hormona que, en exceso, puede llevar a la inflamación y comprometer el sistema inmune. Esto favorece condiciones como la fatiga crónica, problemas digestivos e incluso enfermedades cardiovasculares.

Trabajar en la salud emocional durante estos 21 días, mediante prácticas como el ejercicio, la meditación y la reflexión diaria, ayudan a procesar y liberar emociones reprimidas. Así, se reduce la carga emocional que podría estar afectando negativamente al cuerpo y se promueve un estado de salud integral.

Por lo anterior y mas te dejo este libro, para formar un nuevo hábito, facilitando la integración de cambios positivos en tu vida.

Colorea
Respira
Relájate

Cada célula de mi cuerpo se regenera constantemente para mi buena salud

Colorea
Respira
Relájate

21 días de ejercicios para impulsar la buena salud

Colorea
Respira
Relájate

Colorea
Respira
Relájate

21 días de ejercicios para impulsar la buena salud

En este acto de sanación consiente, suelto y libero cualquier sentimiento que afecte mi salud

Colorea
Respira
Relájate

Día 6
Mi paz mental, me ayuda a mi salud física

Colorea
Respira
Relájate

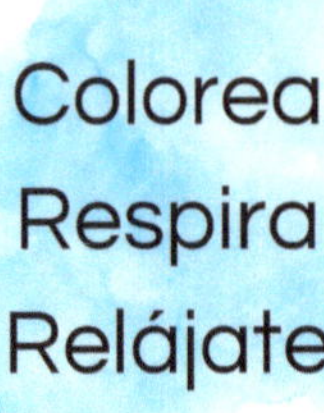

21 días de ejercicios para impulsar la buena salud

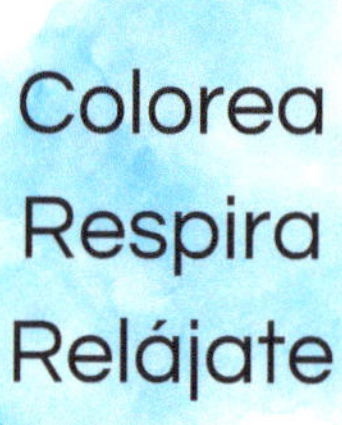

21 días de ejercicios para impulsar la buena salud

Colorea
Respira
Relájate

Colorea
Respira
Relájate

21 días de ejercicios para impulsar la buena salud

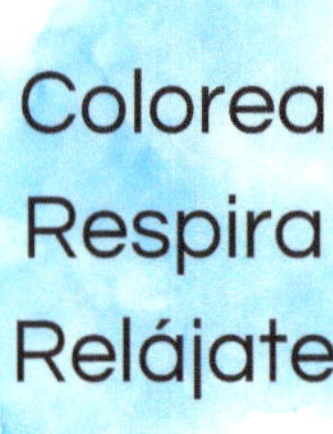

21 días de ejercicios para impulsar la buena salud

Día 13
Decreto sanar mi cuerpo y mente

Colorea
Respira
Relájate

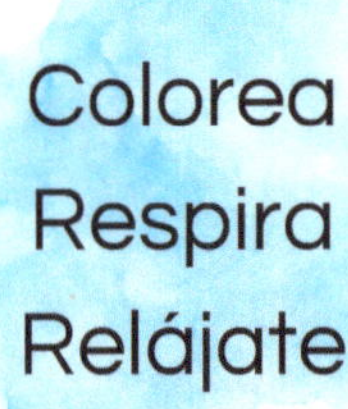

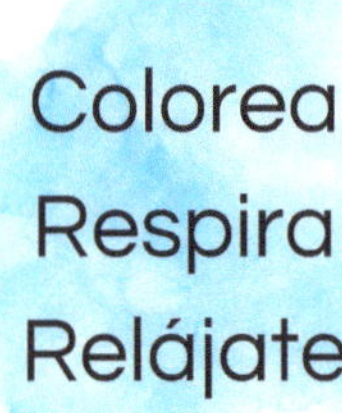

21 días de ejercicios para impulsar la buena salud

Día 15
Yo sano mi cuerpo, supero mis dolores y enfermedades

Colorea
Respira
Relájate

Colorea
Respira
Relájate

21 días de ejercicios para impulsar la buena salud

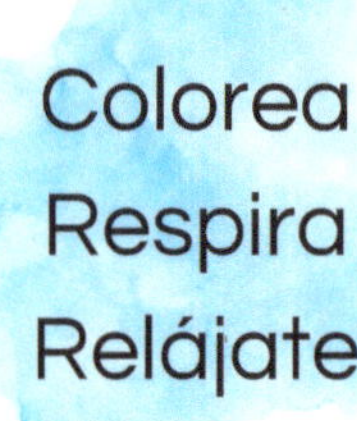
Colorea
Respira
Relájate

Colorea
Respira
Relájate

Día 20
Agradezco por la salud vibrante que siento en mi cuerpo

Colorea

Respira

Relájate

21 días de ejercicios para impulsar la buena salud

Suelto y libero cualquier energía negativa en mi cuerpo,
acepto la sanación aquí y ahora

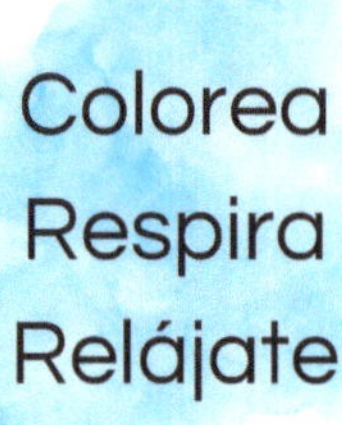

Colorea
Respira
Relájate

____

Escríbete una carta donde te veas sana, feliz, que actividades te gustaría hacer y disfrutar.